U0612631

附赠5张游戏棋盘

轻松做准备
顺利入小学

幼小衔接行动方案

梁雅珠　许美琳　林玉萍 ◎ 主编

中国农业出版社

·北 京·

图书在版编目（CIP）数据

轻松做准备 顺利入小学：幼小衔接行动方案／梁雅珠，许美琳，林玉萍主编 .—北京：中国农业出版社，2019.11（2022.8 重印）

ISBN 978-7-109-25994-2

Ⅰ.①轻… Ⅱ.①梁… ②许… ③林… Ⅲ.①学前教育－教学参考资料 Ⅳ.①G613

中国版本图书馆 CIP 数据核字（2019）第 213259 号

轻松做准备 顺利入小学：幼小衔接行动方案
QINGSONG ZUO ZHUNBEI SHUNLI RU XIAOXUE: YOUXIAOXIANJIE XINGDONG FANGAN

中国农业出版社出版

地址：北京市朝阳区麦子店街18号楼

邮编：100125

责任编辑：孙利平

版式设计：周斯檬

印刷：鸿博昊天科技有限公司

版次：2019年11月第1版

印次：2022年8月北京第2次印刷

发行：新华书店北京发行所

开本：889mm×1194mm 1/16

印张：7.25 插页：5张（8开）

字数：174千字

定价：56.00元

编　委　会

主　编：梁雅珠　许美琳　林玉萍

编　委：马立红（北京市棉花胡同幼儿园回龙观园）

　　　　张　红（北京市顺义区空港第一幼儿园）

　　　　叶霜红（中国农业大学西校区幼儿园）

　　　　田歌文（北京有色金属研究总院幼儿园）

　　　　王学明（北京市丰台区宛平幼儿园）

　　　　颜　磊（北京市朝阳区安华里第二幼儿园）

　　　　时鸿雁（北京市朝阳区定福家园幼儿园）

　　　　季　鹏（北京市朝阳区枣营幼儿园）

　　　　唐　燕（北京市朝阳区丽景幼儿园）

　　　　潘　旭（北京市朝阳区亚运村第一幼儿园）

　　　　耿学军（北京市朝阳区人民政府机关幼儿园）

　　　　赵　红（北京市朝阳区泛海幼儿园）

　　　　王　欣（北京市朝阳区北辰福第幼儿园）

　　　　苗　菁（北京市朝阳区新源里第二幼儿园）

序

　　我国教育部实行学前教育体制改革，提倡全新的教育理念，主张以儿童发展为本，尊重儿童的人格和权利，尊重儿童个性发展和个体差异。这也是本书坚持的价值导向。

　　幼小衔接是幼儿初步建立人生观、价值观的关键阶段。因此，有关行为习惯和心理素质的培养至关重要。学龄前儿童与小学生在思维、心理特征上有着本质的区别，幼小衔接的关键在于从幼儿的心理变化出发，避免揠苗助长，保护儿童成长的可持续发展。本书正是本着这样的初衷，旨在帮助幼儿克服转型期的不适，实现情感、行为、能力、道德品质的提升。

　　本书以主题的形式展现了幼小衔接阶段需要对幼儿进行引导的行为习惯，主要包括五个方面：自我管理、自我保护、遵守规则、人际交往、学习品质。儿童需要在自我管理、自我保护的基础上理解规则，融入集体，培养自知力、自省力，形成健康、积极向上的人格。这五个方面环环相扣，有着密切的联系，可以有条不紊地帮助儿童达成培养良好品质的目标。

　　本书在贯彻正确教育理念的同时，还结合幼儿具体教学的实际需要，注重功能性和可操作性并重。在题型设计上，遵循学龄前儿童的心理特征，将学习品质的培养融入练习、测评与考查中。本书使用了大量的图片、卡片材料，充分发挥了图像对幼儿认知的关键作用，同时，也注重使用文字和图表，促进儿童从形象思维到抽象思维的过渡。"规则棋""比一比"等小游戏趣味十足，既重视互动性，也考虑到家园共育的重要性，促进家庭教养和园所教育同步进行。

　　长期以来，我国的幼小衔接阶段教育出现"小学化"倾向，即重知识和认知、轻情感关怀和心理塑造。幼儿成为书本知识的复制者，忽视了幼儿身心发展的核心问题。本书推陈出新，尊崇个性化的教育理念，关注儿童的情绪、情感发展，注重学习能力和行为习惯的培养，为儿童的创新学习、主动学习提供了新的模式。相信本书的出版会对幼小衔接阶段教育的改进发挥有益作用。

2019 年 6 月于北京

前 言

　　学前教育的最终目标是促进孩子身心的全面发展。3～6岁幼儿面临的主要任务是为升入小学做好准备，为未来做好准备。为了达到这一目标、完成这些基本任务，我们为广大学龄前儿童和家长精心准备了一套行之有效的行动方案，希望这套行动方案能够帮助并指导家长在生活实践中关注孩子的健康成长和发展，有意识地为孩子未来的学习和生活打好基础。

　　实现学前教育与小学教育的良好衔接需要有科学的理论指导。我们从学龄前儿童发展特点出发，以孩子入学前的心理准备、习惯准备、能力准备为重点，以孩子喜闻乐见的游戏方式为载体，设计了适合家庭生活的有趣活动方案，通过"看一看、说一说""想一想、做一做""玩一玩、乐一乐""查一查、测一测"的形式，引导家长和孩子一起行动，为孩子顺利升入小学奠定基础。全套方案设计有五个单元，分别对应孩子升入小学应具备的基本能力，包括自我保护能力、自我管理能力、社会适应能力、思维能力以及学习能力等内容。可以说，孩子具备了这些能力，有利于其尽快适应小学生活，并在未来的学习、生活中顺利成长，这也是每个家长的期盼。实施这套行动方案应该从小、中班开始，因为孩子的发展不是一蹴而就的，任何一种能力的获得都需要一个漫长的过程。

　　这套行动方案最大的特点是符合孩子个性化成长的需要。在使用这套方案时，家长可以根据自己孩子的实际发展状况，从任何一个主题开始，坚持不懈地感知、体验、实践，逐渐达到预期目标。在这一过程中，不要将自己的孩子与别人的孩子攀比，也不要急功近利，一味强调目标的实现，这样孩子才不会感到压力，会自觉、快乐、轻松地完成学习任务。家长可以根据孩子的实际水平调整活动进度，适当测量孩子的发展水平，选择不同的活动内容，有针对性地进行学习。

　　我们设计的所有活动都来自孩子的现实生活。家长可以和孩子一起在轻松、愉快的生活和游戏中完成行动方案所涉及的内容。这一过程需要家长的关注、富有爱心的陪伴、精心的指导。这些亲子游戏不仅可以丰富孩子的生活，而且在快乐的游戏中让孩子获得最基本的能力，为孩子顺利升入小学打好基础。

　　亲爱的家长朋友，您希望孩子能在幼儿园阶段为入学做好准备吗？请您打开这套行动方案，和孩子一起行动起来，陪伴他，实现人生的第一次跨越。

　　幼儿园与小学的无缝对接，从这里开始……

梁雅珠

2019年6月于北京

目录

自我管理

学会自我管理是孩子升入小学、适应小学生活的基础。它包括自我服务和好习惯养成两方面的内容。

一、自我服务

　　自我服务指的是孩子在日常生活中能够自己的事情自己做，达到基本自理。这种自我服务的意识可以迁移到孩子的学习中，使孩子形成自觉学习的行为习惯，能够积极、主动地完成学业。孩子的自我服务应该从小班开始培养。家长应该把做事的权利还给孩子，减少包办、代替。

1. 能干的我

小朋友，请你想一想，图中的哪些事情你会做？如果你会做，请在图中右上角的方框里画"✓"。

听闹钟起床

自己洗漱

收拾小床

自己进餐

收拾碗筷

自己看书

自己喝水

自己游戏

自己上厕所

收拾玩具

整理图书

户外锻炼

看动画片

自己洗澡

给花浇水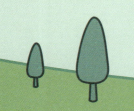

自己穿、脱衣服

绘画与手工制作

做简单的家务

自己穿鞋

独自入睡

2. 作息时间

想一想做一做

以双休日为例，和爸爸、妈妈一起制订作息时间表，并遵照执行。

6:50—7:00 起床

7:00—7:20 洗漱

7:20—7:50 吃早餐

7:50—8:00 整理房间

8:00—8:30 看书

8:30—9:40 选择自己喜欢的游戏

9:40—10:00 吃加餐、喝水

10:00—11:00 户外游戏

11:00—11:40 看电视

11:40—11:50 准备午餐

12:00—12:40 吃午饭

12:40—1:00 收拾餐桌、休息

1:00—2:00 午睡

2:00—2:30 看书

2:30—3:30 自由活动

3:30—4:00 喝水、吃水果

4:00—5:00 户外活动

5:00—6:00 看电视、玩玩具

6:00—6:20 准备晚餐

6:20—7:00 吃晚餐

7:00—7:30 收拾餐桌、休息

7:30—8:30 讲故事、玩玩具

8:30—9:00 洗漱

9:00 上床睡觉

3. 愉快的十分钟

玩一玩
乐一乐

游戏准备

计时器一个

游戏玩法

爸爸、妈妈和孩子比一比，十分钟可以做完哪些事情？
可以比赛叠衣服、整理书架、扫地等家务活儿，
以完成任务量多者为胜，胜出者可以获得奖励。

4. 我会做的事

　　爸爸、妈妈和孩子一起评价，对于孩子能做到的项目，在表格右侧空格里画"✓"；做不到的，可以暂时不填写。让孩子加强练习，逐渐做到所有的事情。

项　目	自我评价		爸爸、妈妈的评价	
	能做到 😀	还需练习 ☹	能做到 😀	还需练习 ☹
听闹钟起床				
独自洗漱				
收拾小床				
独自进餐				
收拾碗筷				
独自看书				
自己收拾书包				
独自游戏				
自己上厕所				
收拾玩具				

（续表）

项　目	自我评价		爸爸、妈妈的评价	
	能做到 😃	还需练习 😣	能做到 😃	还需练习 😣
整理图书				
自己穿、脱衣服				
户外锻炼				
绘画与手工制作				
看动画片				
做简单的家务				
和家人聊天				
自己穿鞋				
给花浇水				
独自入睡				

5. 教育对策及建议

1 自理能力一定要从小培养，建议孩子从两岁开始学习。

2 好习惯的养成重在坚持，每天都要让孩子坚持做同样的事。

3 如果孩子做不到，家长不必着急，可以用鼓励的方式激励孩子努

力做到。如果孩子做到了，可以给他适当的奖励或满足他一个

愿望。

4 家长要为孩子做榜样，要求孩子做到的，自己首先要做到。

二、良好习惯

　　好习惯的养成会直接影响孩子的学习效果。对于即将升入小学的孩子来说，好习惯的养成可以让孩子专心致志地学习，大大提高孩子的学习效率，保证学习效果。好习惯包括生活习惯、卫生习惯、学习习惯、行为习惯和与人交往的习惯。好习惯是在生活过程中逐渐养成的，同时需要坚持。

1. 好习惯

看一看 说一说

小朋友，你知道的好习惯有哪些？请你在方框里画"√"。再说说，你有哪些好习惯？

认真看书

随手乱扔垃圾

对人有礼貌

按时起床

公共场所大声喧哗

整理小书包

衣服乱放

边看电视边吃饭

举手发言

不排队

2. 我和图画书交朋友

想一想 做一做

爸爸、妈妈，还有我，每天都坚持读书。

时间	阅读时长	阅读次数	阅读图书数量	阅读质量	评价等级
第一天					
第二天					
第三天					
第四天					
第五天					
小　计					
第一天					
第二天					
第三天					
第四天					
第五天					
小　计					

填写说明

❶ 阅读时长应填写每天累计阅读的时间总长。

❷ 阅读次数是每天累计阅读的次数。

❸ 阅读质量用五颗星进行评价。

专心看书：★　　说出书名：★　　能够讲述图书基本内容：★至★★★

❹ 评价等级分为优秀、达标、不达标三个等级。不达标为两颗星，达标为三颗星，优秀为四颗星以上。

❺ 一般来说，阅读习惯的养成需要二十一天，建议家长至少持续完成二十一天的记录。

3. 快乐棋

游戏玩法

　　二至四人玩棋。首先，选择自己喜欢的棋子，确定谁先行棋；其次，由先行棋者掷骰子，按照骰子显示的数字从起点出发，在棋盘上走棋，再轮到其他玩棋的人掷骰子，行棋；最后，以最先到达终点者为胜。遇到棋盘上的提示语时，请按提示语执行。

棋盘见附录1

4. 我有好习惯

什么是孩子的好习惯呢？其一，它是孩子的自觉行为，不需要成人提醒和监督；其二，它是孩子始终如一的表现。

项　目	自我评价		爸爸、妈妈的评价	
	能做到 😀	还需练习 🙁	能做到 😀	还需练习 🙁
坚持锻炼身体				
按时起床				
认真洗漱				
不挑食				
收拾玩具				
待人有礼貌				
每天看书				
和小伙伴友好相处				
做家务				

（续表）

项　目	自我评价		爸爸、妈妈的评价	
	能做到 😃	还需练习 😞	能做到 😃	还需练习 😞
不乱扔垃圾				
排队，遵守秩序				
做事情有始有终				
节约用水				
喜欢提问题				
想办法解决问题				
遵守时间				
大胆承认错误				
诚实、守信				

5. 教育对策及建议

1 好习惯是孩子入学必备的素养之一，需要尽快养成。

2 凡事应做到身体力行，并始终如一。

3 好习惯是在生活中养成的。任何一个好习惯的养成都需要天天坚持。

4 好习惯的养成是不需要提醒的，应成为自觉行为。

5 榜样的力量是无穷的。爸爸和妈妈是孩子学习的榜样。

主题二

自我保护

　　孩子升入小学阶段学习、生活，家长应该帮助孩子树立自我保护的意识、掌握自我保护的方法、提高自我保护的能力。自我保护需要注意人身安全和财产安全。

一、人身安全

　　不可否认，升入小学的孩子其人身安全主要是由监护人和学校共同承担的。但在日常生活中，培养孩子的自我保护意识也是非常重要的。让孩子懂得什么是安全，什么是危险，如何躲避危险……这些都可以通过游戏、生活中的实际场景、亲身体验、谈话、文学作品等方式让孩子准确判断并做出正确选择。家长应当利用各种机会让孩子体会自我保护的重要性，可以采取适宜的方式，让孩子掌握基本的自我保护方法，保证孩子的人身安全。

1. 自我保护的方法

看一看
说一说

小朋友，你知道哪些自我保护的方法？请在方框里画"✓"。

雾霾天气戴口罩

过马路看红绿灯，红灯停、绿灯行

遇到危险及时躲避

遇到施工地段，知道绕道行走

不用湿手触碰带电的插座

不玩火

根据天气情况，适当增减衣物

出汗多了，及时补充水分

遇到火灾时，知道用湿毛巾捂住口、鼻

地震时，知道躲到安全的地方

不和陌生人说话 □

不吃过期或腐烂、变质的食物 □

身体不舒服了，及时告诉家长 □

不单独乘坐电梯 □

上、下楼梯，靠右行走 □

饭前、便后洗手 □

生吃瓜果要洗净 □

控制看电视的时长 □

不在昏暗的光线下看书 □

2. 和爸爸、妈妈一起去旅行

想一想
做一做

制订旅行计划书

1 旅行时间：

2 旅行地点：

3 乘坐的交通工具：

4 入住的宾馆：

5 需要准备的物品：

6 返程时间：

7 人员分工：

8 注意事项：

行动清单

需要独立完成的

1 负责检查家人的鞋和服装

2 清点旅行所带的物品

3 购买门票

4 管理自己的随身物品

5 带领家人过马路

6 根据时间，提醒家人进入下一个环节

7 安排休息时间

8 安排家人吃水果、喝水

9 提醒家人注意安全

10 选择好的风景拍照，留念

11 与家人一起进餐

12 顺利返程

13 和家人一起整理旅途拍摄的照片

3. 安全旅行棋

游戏玩法

两人或两人以上一起玩的游戏。每人选择不同颜色的瓶盖做棋子。轮流掷骰子，根据骰子显示的数字，用棋子在棋盘上走相应的格数，并遵照棋盘上的指示或前进、或后退、或停玩一次。最先到达终点的即获胜。游戏可以反复进行。

棋盘见附录 2

4. 我会保护我自己

查一查，测一测孩子掌握的安全常识和自我保护的方法及能力。

项　目		自我评价		爸爸、妈妈的评价	
		能做到 😃	还需练习 😣	能做到 😃	还需练习 😣
懂得基本的安全常识	认识安全标志				
	懂得交通规则				
	懂得基本的卫生常识				
	了解躲避危险的基本常识				
	能够判断危险与安全				
掌握基本的自我保护方法	遇到危险时会呼救				
	不和陌生人说话				
	会根据天气变化增减衣物				
	遵守交通规则				
	遇到危险时会报警				
具有一定的自我保护能力	遇到危险时会躲避				
	有良好的卫生习惯				
	安全意识强				
	规则意识强				
	反应机智、灵敏				

5. 教育对策及建议

1 树立基本的安全意识是自我保护的前提。

2 通过故事、戏剧、事实案例等，对孩子进行安全教育。

3 培养孩子的自我保护意识，教会孩子掌握基本的自我保护方法。

4 家长适度放手，尽可能多地为孩子提供锻炼的机会。

5 培养孩子勇敢、机智、遇事冷静的意志品质。

二、财产安全

　　自我保护还包括保护自己的私人财产。在孩子入学之前，培养孩子学会管理自己的私人物品，爱惜物品，懂得保护自己的财产安全。可以通过收拾、整理物品，参与家庭收纳、整理活动等，让孩子掌握一些物品归类的方法。学会爱惜物品，如轻拿、轻放玻璃等易碎物品；玩具或图书有损坏，及时修补……

1. 清点自己的物品

小朋友，请你按照图中物品的种类，整理并统计自己拥有的这些物品，将统计结果写在右上角的方框内。

图书	本

棉服	件

餐具	套

帽子	顶

袜子	双

▮▮▮▮	双

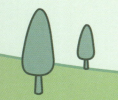

2. 整理我的小屋

整理清单

每周完成一项整理工作，
要求物品分类摆放，整洁、有序。

我的小衣橱

我的玩具柜

我的小床铺

我的书柜

3. 寻找丢失的物品

小朋友，请你帮小明找到散落在草地上的十件物品，指出具体位置，并用笔圈出来。

28

4. 爱惜物品

查一查
测一测

　　爱惜物品表现在物品能分类收放，及时清点，不随意损坏。对照表格左侧的项目，查一查，测一测，在表格右侧的空格里画"✓"。

项　目	自我评价		爸爸、妈妈的评价	
	能做到 😀	还需练习 😣	能做到 😀	还需练习 😣
会整理物品，会分类摆放				
能迅速找到自己所需要的物品				
爱惜物品，及时收放，不乱丢				
丢失的物品知道寻找				
不随意损坏物品				

5. 教育对策及建议

1 爱惜物品，学会整理、分类摆放，这些良好习惯的养成一定要在生活实践中培养，不能只是停留在口头说教。

2 家长要用鼓励的方式引导孩子爱惜物品。平时，家长要多督促、检查。

3 家长要引导孩子学会将物品分类摆放、用完的物品要及时放回原处，避免发生乱放物品找不到的情况。在这件事上，家长要以身作则，做个好榜样。

遵守规则

常言道："没有规矩不成方圆。"只有遵守规则，才能拥有秩序。家长要帮助孩子树立规则意识，养成遵守规则的习惯，才能使即将进入小学阶段学习的孩子更加适应校园生活。在生活中处处有规则：不破坏公物是规则，轻拿轻放是规则，乘车先下后上是规则，有序排队是规则……有了规则，马路上的人与车就会各行其道，上、下楼梯就会井然有序，……遵守规则不仅是入学准备的重要内容，更是每个人应具备的素养。

一、规则意识

遵守规则是建立良好社会秩序的前提。在孩子入学前，需要了解更多的校园规则，树立规则意识，懂得遵守规则带来的好处，培养他们遵守规则的行为习惯，这样的孩子容易被老师、同伴所接纳。因此，在入学准备过程中，学会遵守规则尤为重要。

1. 认识规则标志

看一看说一说

小朋友，你知道下面这些标志代表什么意思吗？如果不按照这些标志的指示去做，会发生什么？

注意红绿灯

注意人行横道

禁止通行

保持安静

禁止停车

禁止攀爬

禁止宠物入内

禁止拍照

当心前方施工

当心着火

安全出口

当心触电

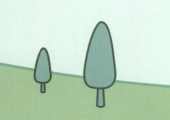

2. 找对错

请你看看下面的图片，在右上角的白框里给正确的行为画"✓"，给错误的行为画"×"。

① 红灯行

② 绿灯行

③ 过马路时，先向左看，再向右看

④ 过马路急行、猛跑

3. 红绿灯

游戏儿歌

过马路，别乱跑，先看左，再看右，
红灯停，绿灯行，有车来了停一停，
确认安全再通过，交通规则要记清。

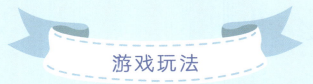

游戏玩法

家长与孩子边说儿歌边做游戏，
当说到红灯停时，即兴表演，做出停止的动作，
当说到绿灯行时，自由表现，做出行进的动作。

4. 我能做到

查一查
测一测

对照表格左侧的项目，查一查，测一测，在表格右侧的空格里画"✓"。

项 目	自我评价		爸爸、妈妈的评价	
	能做到 😃	还需练习 😟	能做到 😃	还需练习 😟
能在成人的监护下过马路				
用完物品后能放回原处				
公共场合不大声喧哗				
爱护花草树木				
不乱扔垃圾				

5. 教育对策及建议

1 长期按规则做事就能养成遵守规则的习惯。家长要有意识地提醒孩子按照规则要求做事，如遵守交通规则、公共场所规则、游戏规则、班级规则等，帮助孩子养成遵守规则的习惯，为孩子顺利、安全入学做好准备。

2 家长带领孩子出行时，注意提醒孩子遵守交通规则，也可以适当开展一些体验活动，如："我带爸爸、妈妈过马路""爸妈看我过马路"。在居住的小区，家长还要指导和看护孩子过马路，学习先向左看、再向右看，注意来往车辆，进而能够安全、独立过马路。

二、公共秩序

　　让孩子学习遵守公共秩序，可以帮助孩子获得内在的秩序感，养成做事有条理的好习惯，例如有序排队、耐心等待、按操作步骤完成手工作品等，为孩子愉快、顺利地进入小学生活打好基础。

1. 认识标志

小朋友，你知道这些标志代表什么意思吗？如果不按照这些标志的指示去做，会发生什么呢？

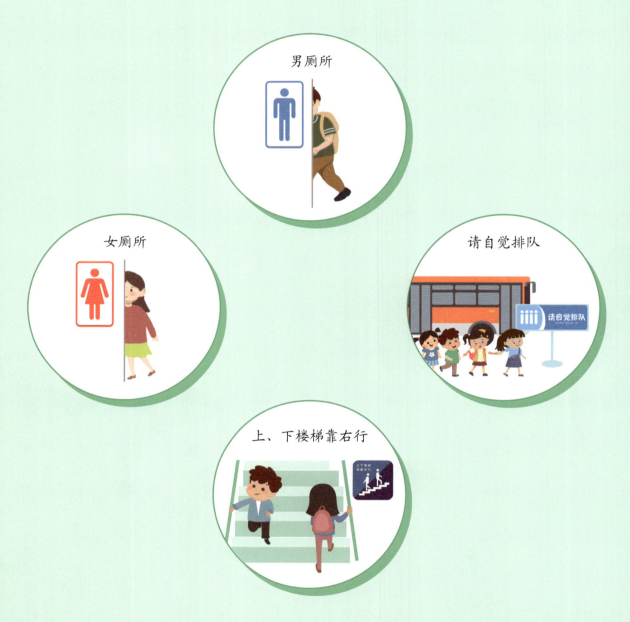

2.明事理

1

排队的时候，有个小朋友加塞儿，你认为他这样做对吗？为什么？他应该怎么做？

2

老师正在和奇奇说话，强强跑过来，急切地抢话、插嘴。你觉得强强这样做好不好？怎样做会比较好呢？

3

乘坐电梯时，电梯门开了，是先下后上，还是先上后下？

4

乘坐扶梯时，请你想一想，急行的人应该靠哪边走？慢行的人应该靠哪边站？

3．规则棋

游戏玩法

家长和孩子一起下棋，两人轮流掷骰子，根据骰子最终呈现的数字确定行走的步数，再按照棋盘格里的指示选择进、退或停玩。从起点出发，最先到达终点者为胜。

棋盘见附录3

4. 我能做到

查一查
测一测

对照表格左侧的项目，查一查，测一测，在表格右侧的空格里画"✓"。

项 目	自我评价		爸爸、妈妈的评价	
	能做到 😀	还需练习 😣	能做到 😀	还需练习 😣
有序排队				
不去禁止通行的地方				
公共场所不大声喧哗				
不去禁止入内的地方				
进出门时，先出后进				
乘车时，先下后上				
乘坐扶梯时，急行靠左，慢行靠右				
知道男孩上男厕所、女孩上女厕所				

5. 教育对策及建议

1. 家长带领孩子有意识地寻找生活中的标志，并给孩子讲解标志所代表的含义。

2. 家长带领孩子看电影、出游时，有意识地让孩子学习遵守交通规则和公共秩序，如按照性别的不同上厕所、有序排队、乘车时先下后上等。

人际交往

　　人与人的交往是社会关系的体现，建立良好的人际关系有利于孩子适应群体生活、适应社会。在人际交往中，重要的是做好自己，自控能力强的孩子更容易与他人建立良好的人际关系。一个孩子拥有自信、坚强、勇敢、诚实等优秀的品格，懂得遵守规则和珍惜别人的劳动成果，有公德心，这样的孩子才能被同伴认可和接受，能很好地适应集体生活、适应社会。

一、自我意识

　　每个孩子都是独立的个体。教师和家长应帮助即将进入小学学习的孩子了解自己与他人的不同，能够正确地认识自己和他人，并在与他人的交往过程中提升自律、自控和自我调节的能力。

1. 独特的我

每个孩子都是独特的。请你和爸爸、妈妈一起记录下独特的你！

1 我的自画像：

2 我的生日：

3 我的身高和体重：

4 我喜欢的运动项目：

5 我喜欢的食物：

6 我喜欢的玩具：

7 我喜欢的书籍：

8 我的好朋友：

9 我的优点：

10 我需要改进的地方：

2. 我是这样做的

请看下图，你认为奇奇做得对吗？为什么？跟爸爸、妈妈说说，如果是你，你会怎么做？

①

奇奇借了别人的东西不还。

如果是你，你会怎么做？为什么？

②

强强不小心碰了奇奇，奇奇很生气，挥起拳头，打过去。

如果是你，你会怎么做？为什么？

③

奇奇正在专心地看书，小美邀请他去玩。奇奇放下书，就去玩了。

如果是你，你会怎么做？为什么？

④

吃饭时，奇奇不等家人都到齐，自己先吃起来。

如果是你，你会怎么做？为什么？

3. 我的各种体验

玩一玩
乐一乐

1

当小老师
体验自己的语言表达能力

2

跳棋比赛
体验比赛中的各种感受

3

超市购物
在爸爸、妈妈的陪同下，完成购物计划

4

分享玩具
在与朋友分享自己喜欢的玩具中体验快乐

4. 我能行

查一查
测一测

对照表格左侧的项目，查一查，测一测，在表格右侧的空格里画"✓"。

项　目	自我评价		爸爸、妈妈的评价	
	能做到 😀	还需练习 ☹	能做到 😀	还需练习 ☹
你做了错事，能及时改正吗				
受到批评后，你会调节自己的心情吗				
你能不受别人干扰，坚持做完一件有难度的事情吗				
你有信心一定能完成老师交给的任务吗				
遇到困难时，你会主动求助他人吗				

5. 教育对策及建议

1 引导孩子知道，每个人都是独特的，要学会接纳他人的不同。

2 自律、自省、自信和自尊等自我意识可以通过每天做事情来培养。

家长要时时刻刻帮助孩子建立良好的自我意识，让孩子做最好的

自己，拥有更多的朋友，这是人际交往的基础。

3 鼓励孩子积极参加各项活动，如参加表演，锻炼胆量；给别

人讲故事，提高语言表达能力等。通过各种活动，让孩子增强

自己做事情的计划性和任务意识，提升自控能力和人际交往能

力等。

二、人际关系

孩子升入小学后，会面对新环境，结识新朋友，建立新的人际关系。在这个过程中，让他学会关心他人、帮助他人，与他人友好相处，提高人际交往能力。这些将有利于孩子形成良好的性格，有利于其建立良好的人际关系，有利于其尽快适应小学生活。

1. 我喜欢的和喜欢我的

和爸爸、妈妈说一说自己的好朋友。

我喜欢的小朋友是谁？
他有什么优点？

我不太喜欢的小朋友是谁？
我为什么不喜欢他？

我有什么优点会让小朋友喜欢我？

我有哪些方面不足需要努力改进？

2. 结交新朋友

想一想
做一做

你知道结交新朋友的方法有哪些吗？请在右上角的白色方框里画"✓"。

1 主动和新朋友打招呼

2 主动跟新朋友聊天

3 与新朋友分享玩具

4 热心帮助新朋友

5 与新朋友友好相处

6 能够原谅新朋友的无心之过

请你告诉爸爸、妈妈，还有哪些方法可以认识新朋友？

3. 团结友爱棋

游戏玩法

家长和孩子一起下棋，轮流掷骰子，
根据掷出骰子上的数字确定行走的步数，
再按照棋盘上的指示进、退或停玩。
从"开始"出发，最先到达"结束"者即获胜。

棋盘见附录4

4. 我和朋友

查一查
测一测

对照表格左侧的项目，查一查，测一测，在表格右侧的空格里画"√"。

项 目	自我评价		爸爸、妈妈的评价	
	能做到 😀	还需练习 😟	能做到 😀	还需练习 😟
懂得几种结交新朋友的方法				
能主动帮助他人				
看到别人没有觉察掉了东西，你会主动告知				
当别人受到表扬时，你会为他高兴				
别人跟自己说话时，你会礼貌地看着对方的眼睛应答				
你会主动找别的小朋友聊天				
当你遇到不公正的待遇时，你会用正确的方式和别人沟通				
两人见面后，你会使用礼貌用语与对方交流				

（续表）

项　目	自我评价		爸爸、妈妈的评价	
	能做到 😀	还需练习 😞	能做到 😀	还需练习 😞
会和小朋友一起友好地玩游戏				
自己有好事情时会与朋友分享				
不和同伴争抢玩具				
学着原谅别人的无心之过				
当别人与自己的意见和想法不一致时，你会尊重他们的意见和想法				
自己与别人发生争执时，能用正确的方式对待				
看到其他小朋友们有纠纷，你会帮忙劝解				

5. 教育对策及建议

1 交流和表达是人际交往的基本技能，家长平时要多给孩子发表自己想法和看法的机会。

2 爸爸、妈妈假装"新同学"，让孩子采用自己喜欢的方式认识"新同学"。

3 家长要多带孩子参加家庭聚会、外出旅行等，也可以多邀请朋友到家里做客。这些看似不起眼的活动都是人际交往的重要途径。通过这些真实情境，可以让孩子学习解决矛盾冲突，学习宽容、谅解他人，学习与人友好相处。家长要鼓励、支持、引导孩子与他人建立良好的人际关系。

学习品质

　　学习品质是指幼儿参与学习、达成学习目标所需要的一系列能力和素质，是入学准备最重要的内容之一。它包括好奇心、兴趣、观察力、专注力、判断力、推理力、逻辑思考力、动手能力、任务意识、学习习惯等内容。幼儿具备良好的学习品质，可以为日后顺利进入小学阶段学习奠定基础。

一、好奇心和兴趣

　　好奇心和兴趣是孩子探索事物和学习的原动力，是孩子成才的起点。让孩子对小学的生活和学习充满好奇，培养孩子的学习兴趣是入学准备的重要内容之一。

1. 光荣的小学生

小朋友，祝贺你又长大了一岁，即将成为一名光荣的小学生！你能说一说，小学生有哪些活动吗？

升旗仪式

制作手工

参观活动

演讲活动

体育活动

课堂学习

2. 小学里的生活

小朋友，将来你要去哪所小学上学？请你拿出笔来，画一张从家到学校的路线图，试着从你家走到即将升入的小学。说一说，路上你都看见了哪些建筑物？

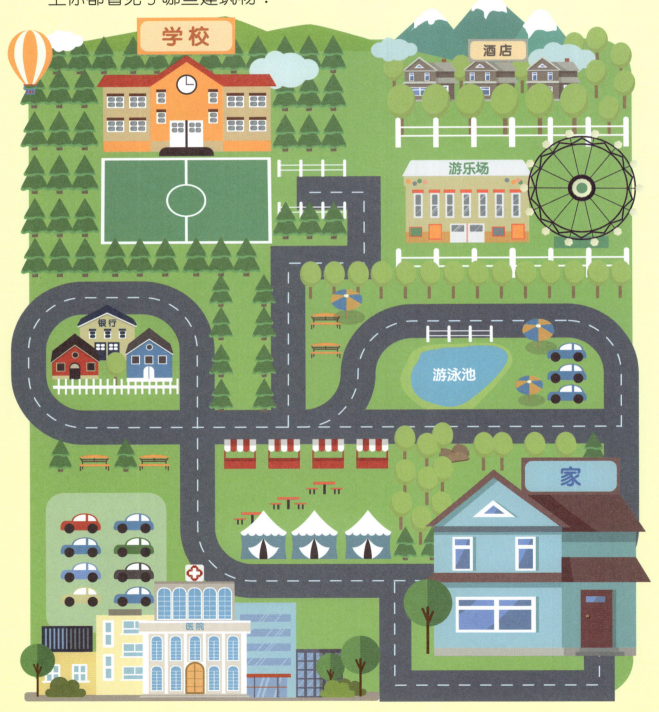

3. 多彩校园棋

小学校真有趣！你了解小学的生活吗？
和爸爸、妈妈一起玩玩"多彩校园棋"吧！

游戏玩法

家长和孩子一起下棋，轮流掷骰子，
根据骰子呈现的数字确定行走的步数，
再按照棋盘上的指示进、退棋子。
从"开始"出发，最先到达"结束"者即获胜。

棋盘见附录 5

第一小学

4. 快乐生活，我知道

查一查
测一测

对照表格左侧的项目，查一查，测一测，在表格右侧的空格里画"√"。

项　目	自我评价		爸爸、妈妈的评价	
	能做到 😀	还需练习 😞	能做到 😀	还需练习 😞
知道自己为什么要上学				
知道幼儿园和小学的不同				
知道小学的课程和活动				
知道怎么做才能加入少先队				
知道自己所上小学的名称				
知道《小学生守则》的内容				

5. 教育对策及建议

1 通过跟孩子一起布置书房、购买孩子心仪的小书包和学习用具

等，激发孩子对小学生活的向往。

2 有意识地引导孩子和邻居家的哥哥、姐姐沟通，了解小学生活。

3 家长和孩子一起参照小学生的作息时间和生活节奏按时起居，为

入学做好准备。

二、观察力

　　观察力是智力的基础，更是思维的起点，它的敏锐与否决定了一个人得到信息的多少。培养孩子的观察力，可以为其今后的学习打好基础。

1. 找不同

请你在三分钟内找出上、下两幅图中的十个不同点，并用笔圈出来。

2. 比一比

和孩子一起栽种两盆同样的植物，如大蒜、洋葱、芹菜等，分别放在阳光下与背阴处。让孩子定时观察、比较植物的生长变化，并做好阶段性的观察记录。

3. 看一看，谁变了

请你观察这幅图，并记住小动物的排列顺序。

与第一幅图比较，看一看，少了哪只小动物？

与第一幅图比较，看一看，哪两只小动物的位置发生了变化？

与第一幅图比较，看一看，哪两只小动物的位置发生了变化？

注：为了增加游戏难度，家长可以让孩子观察完第一幅图后，将图片遮住，再让孩子进行游戏。

4. 找一找，画一画

小朋友，下面有很多汉字，你能找出与左边偏旁相同的汉字吗？请你分别用不同颜色的笔把它圈出来。然后数一数，相同偏旁的汉字各有多少，将统计结果写在方框内。

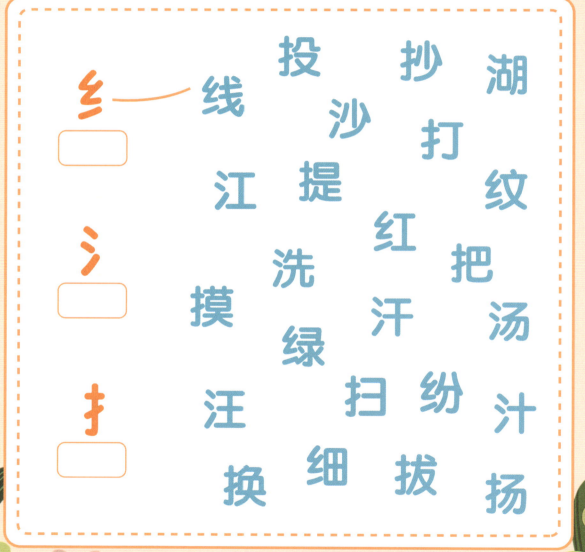

纟 ——— 线

氵

扌

投　抄　湖
沙　打
江　提　纹
　　红　把
洗　　汤
摸　汗
　绿　汁
注　扫　纷　扬
换　细　拔

5. 教育对策及建议

1. 在日常生活中，可以随时随地培养孩子的观察力，如可以观察来往行人的特征、周围景物的变化以及天气或季节的变化，让孩子看一看、说一说。

2. 家长对物品进行描述，请孩子根据描述找出该物品，并说出它的名称。

3. 观察的方法有：按事物排列的顺序观察；比较事物间的相同和不同；有条理地观察。要有意识地培养孩子观察事物的方法。

三、专注力

　　专注力是孩子在学习过程中专心注意某一学习内容的能力。这个能力越强，孩子学到的东西越多。专注力的培养需要良好的环境。家长为孩子创设有利于专注力发展的环境至关重要。孩子的专注力主要表现在能专注地阅读、专注地做事情、专注地游戏等方面。在未来的小学学习、生活中，提升孩子的专注力，能有效地提高孩子的学习效率。

1. 连线、讲故事

看一看说一说

从数字 1 开始，请你按照数序连线。看一看，连出来的是什么图案，并用画出来的形象创编一个小故事，讲给爸爸、妈妈听。

2. 我会讲故事

想一想
做一做

　　小朋友，你能在十分钟内专心致志地、从头到尾地看完一本故事书吗？请你先自己看一本故事书，尽量在十分钟内看完，看书时要专心致志、一页不漏噢，然后，再讲给爸爸、妈妈听吧！

3. 我是巧巧手

　　小朋友，你能按照规律穿一串有创意的项链或手链吗？穿好之后，可以把它送给你的爸爸或妈妈。

　　读给孩子听：可以先用红色、红色、黄色、绿色（重复一组）或三角形、圆形、三角形、正方形、三角形、菱形（重复一组）……这个规律穿珠子。等到孩子掌握规律后，可以让孩子自己创编规律穿项链或者手链。

4. 我都会

查一查
测一测

对照表格左侧的项目，查一查，测一测，在表格右侧的空格里画"✓"。

项 目	自我评价		爸爸、妈妈的评价	
	能做到 😀	还需练习 ☹	能做到 😀	还需练习 ☹
能专心致志地做手工				
能专注地玩走迷宫的游戏				
能专注地完成块数较多的拼图				
能专注地欣赏音乐表演				
能有始有终地完成一幅画作				
能从头到尾讲述一本喜欢的故事书				

5. 教育对策及建议

1 专注力的培养需要循序渐进，家长可以选择孩子感兴趣的内容进

行训练，将集中注意力的时间逐渐延长。

2 孩子所处的环境对其专注力影响很大。家长要在特定的时间内给

孩子提供安静的环境。当孩子专心做事时，家长要避免打扰。

3 家长要做孩子学习的榜样。家长做事认真、专心致志，有始有终，

孩子也会看在眼里，模仿学习。

四、判断推理

　　学龄前儿童的思维特点具有具体形象性，其抽象逻辑思维正处于萌芽状态。作为父母，要抓住时机因势利导地教育孩子，让孩子通过不断的学习与思考，更好地提高孩子的判断、推理能力。

1. 一场特殊的赛马

传令赛马

草原上，一个部落的首领跟骑手说："今天，要举行一场特殊的赛马比赛。规则是，跑得慢的马获胜。"

于是，骑手都勒着马缰绳，把马折磨得够呛。直到太阳快落山，也没决出胜负。

但是，国王的命令不能更改，怎样才能完成比赛呢？这时，国王的儿子想出了一个办法，他让大家互相换着马骑。

这样，不到一会儿，比赛就结束了。

比赛结果也出来了。

小朋友，你知道这是为什么吗？

答案：当骑手换了对方的马，要想让自己的马赢，就会把对方的马骑得飞快，这样就能在短时间内决出胜负了。

79

2. 看图排序

小兔子智斗大灰狼

请你观察下面四幅图，按照事情发生的先后顺序，将四幅图的序号标在右上角的白框内。说一说，大灰狼为什么掉进了河里？再创编一个小故事，讲给爸爸、妈妈听。

3. 跷跷板

玩一玩
乐一乐

小动物都喜欢玩跷跷板。小朋友，请你看一看，小象要跟几只小羊一起玩，才能保持平衡呢？

4. 快乐的一天

　　奇奇最喜欢画画了，他看到什么，就会画什么。这不，一大早，妈妈就带他去公园玩，直到晚上才回家。奇奇刚进家门，一不小心，将画纸撒了一地。请你帮奇奇依据画面中太阳的位置整理出图画的顺序，并将序号标在白色的小方框里。

5. 教育对策及建议

1 心理学上对语言与思维的关系是这样描述的："语言是思维的物质外壳。"多给孩子提问题，引发他找出线索，分析、思考，并通过语言进行表达，有助于发展其思维能力。

2 孩子的知识都是零散的。家长要善于利用事物存在的因果关系，引发孩子多动脑筋，如：下雨前，小燕子为什么会低飞？骆驼的眼睫毛为什么很长？纸杯为什么要做成上宽、下窄的形状？

五、逻辑思考力

逻辑思考能力是孩子智力活动的核心，对孩子今后的学习、生活起着举足轻重的作用。培养孩子有逻辑地思考问题、有条理地做事情、有逻辑地语言表达……有助于提高孩子的学习能力。

1. 做事情的顺序

　　周末，奇奇收拾完房间，就去外面玩了。小朋友，请你按照事情发生的先后顺序，给下面的图标注序号，在右上角的小方框内写上相应的序数。

穿衣服	吃饭	洗手

穿鞋	擦桌子	叠被子

拿碗	开窗通风	锁门

拿伞	戴帽子	扫地

2.救小兔

　　图片上有谁？它们在做什么？可能发生了什么事情？你是怎么看出来的呢？请你根据图片内容细致观察和想象，然后排一排序，给大家讲个"救小兔"的故事吧！

3. 魔方大比拼

小朋友，你会玩魔方吗？动脑筋想一想，怎样才能拼出一面或两面一样颜色的魔方？和爸爸、妈妈来一场拼魔方大赛吧！

拼好一面，最长用时 ----------------- 最短用时 -----------------

拼好两面，最长用时 ----------------- 最短用时 -----------------

4. 找规律

　　左图中，每一横行和竖列都有右图中的 4 种蔬菜。请你看看，左图的每一横行或竖列中缺少了右图中的哪种蔬菜，说出答案，并说明原因。

　　小朋友，你能找到下图中每组排列的规律吗？请你按每组排列的规律继续在右侧虚线框里画出后面的排列图案。

5. 教育对策及建议

1 顺序概念是培养孩子逻辑思维的重要途径。除去上面 ABAC、AABBCC、

AAABAAAC 类型外，还可以是多个对象从最大到最小、从最软到最硬

等排序，也可以按照事情发生的时间顺序或动、植物生长顺序等逻

辑关系排序。各种排序方式的训练可以帮助孩子有条理地思考。

2 学习分类法对孩子的逻辑思维能力有十分重要的作用。家长可以引

导孩子对生活物品按形状、颜色、用途、功能、材质、属性等分类，

也可以让孩子自己创编分类标准，进行分类。

六、动手动脑

　　苏联著名教育家苏霍姆林斯基曾经说过："儿童的智慧在他的手指尖上。"可以说人的手指是大脑的"外部"器官，大脑内部有与每根手指对应的反射区。幼儿手指的每个动作都在刺激大脑对应的反射区；反过来，大脑的运动中枢神经也可以调动手指做出相应的动作。因此，手脑并用对于儿童智力发展至关重要。

1. 能干的我

看一看
说一说

　　小朋友，你能利用家中的插片、积木、积塑玩具等搭建一个场景或一座建筑物吗？请你根据搭建的场景或建筑物创编故事，讲给爸爸、妈妈听。

2.我是小画家

请你根据下面两幅图的背景随意添画，并给你的作品起个好听的名字。

3. 五子棋

小朋友，你会玩五子棋吗？今天，和爸爸或妈妈一起玩五子棋吧，并在下方表格中记录比赛结果。

请你做记录

	👨 / 👩	🧒
第一局		
第二局		
第三局		
第四局		
第五局		

4. 一笔画下来

请你根据表格左侧的图案，在"画一画"一栏中一笔画出来，并在表格右侧进行评价。

项　目	画一画	自我评价		爸爸、妈妈的评价	
		能做到 😃	还需练习 ☹	能做到 😃	还需练习 ☹
☂					
🌼					
🌙					
🕊					
💡					
🦋					

94

5. 教育对策及建议

1 动手动脑的能力主要是指孩子的实践能力，所以家长应该学会放

手，让孩子做力所能及的事，在做的过程中学习、成长。

2 通过绘画、装饰等形式，练习孩子手部小肌肉的控制能力，为书

写做准备。

七、任务意识

任务意识是幼儿社会性发展的表现。如果幼儿的任务意识淡薄，进入小学以后就会出现上课不专心听讲、参与学习活动态度冷淡等现象，难以适应小学生活。因此，家长对孩子这方面能力的培养要给予充分的重视。

1. 爱心计划书

　　小朋友，请你仔细看看爸爸、妈妈需要添置什么东西，用你自己的方式做一个购物计划，准备去商场购买。请把购物计划讲给爸爸、妈妈听。

2. 买东西

商场里的商品琳琅满目。小朋友，你能找到爸爸、妈妈喜欢的东西在哪里吗？挑选最适合他们的东西，买下来吧！

3. 生日，我知道

　　小朋友，请你在日历上标注下爷爷、奶奶、姥爷、姥姥、爸爸、妈妈以及你的老师和好朋友的生日吧，到时候，亲自动手制作一个礼物，送给他们吧！

99

4. 我的亲朋好友们

小朋友，请你在下列表格中记录家人、老师和小朋友的相关信息。

人物	生日	喜欢吃的食物	喜欢做的事情	喜欢的颜色	喜爱的数字
爷爷					
奶奶					
爸爸					
妈妈					
老师					
小朋友					

5. 教育对策及建议

1 家长给孩子布置一个与幼儿园老师、小朋友沟通的任务，如：问问老师的老家在哪里，老师喜欢什么颜色；问问自己的好朋友吃过什么好吃的东西、去哪里玩过等，回家讲给家长听。

2 孩子在家里也要承担一些家务，如帮助家长拿碗筷、每天自己洗袜子、收拾床铺等，还可以每周让孩子画一幅画或做一个手工作品用来装饰房间等。

八、学习习惯

我国当代教育家叶圣陶先生说："好习惯养成了，一辈子受用；坏习惯养成了，一辈子吃它的亏，想改也不容易。"也就是说，好习惯受益终生，坏习惯影响一生。培养孩子养成良好的学习习惯，对其今后的学习很有帮助。

1.我会整理小书包

小朋友即将进入小学阶段学习。请你从下列物品中圈出上学所需的学习用品，再说一说每种学习用品的用途。

2. 坐姿用眼好习惯

想一想
做一做

观察下列两组图，请你说一说，谁做得对、谁做得不对？在右上角的方框里画"√"或画"×"，再说一说为什么。

3. 问答游戏

小朋友，请你和爸爸、妈妈一起玩"当老师"的游戏，仿照例题，可以由爸爸、妈妈出题，你来回答，或者你来出题，爸爸、妈妈回答。一定要听清问题再回答。

①

数数儿，两个两个地数、五个五个地数、十个十个地数……

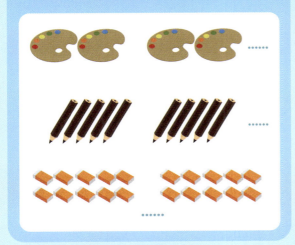

②

妈妈下班买回来五个桃子，爸爸下班也买回来五个桃子，筐里有几个桃子？

③

筐里一共有十个桃子，爸爸吃了三个桃子，还剩几个桃子？

④

让孩子做二十以内加减法的算式题若干。

$$1 + 4 = ?$$
$$5 + 10 = ?$$
$$6 - 2 = ?$$
$$20 - 18 = ?$$

4. 我会做

查一查
测一测

　　周末的休息日正好是一家人为孩子入学做准备、养成良好习惯的好时机。小朋友，请你跟爸爸、妈妈商量，确定"周末时光五个一"都是什么？

项　目	自我评价		爸爸、妈妈的评价	
	能做到 😀	还需练习 😞	能做到 😀	还需练习 😞
周末至少画一幅画，讲给爸爸、妈妈听				
周末看一本书				
周末做二十分钟算术题一次				
周末收拾书包一次				
周末讲一件身边发生的新鲜事				

5. 教育对策及建议

1 看书、写字重姿势。眼离书，约一尺；胸与桌，约一拳；离笔端，约一寸（坐姿、用眼、握笔，距离一拳、一尺、一寸）。用左手，轻按本，学习用品放整齐。记得牢，多巩固，好习惯，早养成，终生受益乐无穷。

2 学习习惯的养成需要日积月累。家长通过提醒孩子每日一练，帮其养成固定时间踏实做事的习惯，对孩子入学后完成作业十分有益。

3 有能力的孩子可以每天做一些二十以内加、减法的算式题。

奇奇买票不排队
退回到 ①

妙妙把糖纸扔进垃圾桶
前进三步

妙妙摘花
停玩一次

奶让座
步

乐，音量过大
两步

结束
END

快乐棋

开始 START

妙妙踩踏草坪
停玩一次

妙妙给老奶
前进三

奇奇戴耳机听音
后退

妙妙走丢了，大哭
后退三步

好朋友一起游泳
前进两步

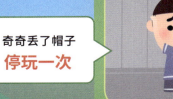

奇奇丢了帽子
停玩一次

安全旅行棋

开始
START

1

2
排队上飞机
前进两步

3
飞机上，奇奇没系安全带
后退两步

4

奇奇在飞机上随意走动
停玩一次

6

飞机上保管自己的
随身物品
前进三步
7

爸爸的手划破了，奇奇从包里
取出创可贴，给他贴上
前进两步
8

奇奇饭前去洗手
前进三步
9

10

11

12